CHARLES VII

(DON CARLOS)

ROI D'ESPAGNE

PRIX : **1** FRANC

PARIS

E. DENTU, LIBRAIRE-ÉDITEUR

GALERIE D'ORLÉANS, 17 ET 19, PALAIS-ROYAL.

1868

PARIS. — IMP. ALCAN-LÉVY, BOULEV. DE CLICHY, 62.

CHARLES VII

(DON CARLOS)

ROI D'ESPAGNE

I

Lorsque le marquis de Custine partit pour l'Espagne, il emportait de France la conviction que la Péninsule Ibérique devait sa décadence au manque absolu de libertés religieuses et politiques.

Dans son esprit le courant révolutionnaire, qui avait fertilisé certaines parties de l'Europe devait régénérer aussi les Espagnols, abâtardis par des siècles d'absolutisme.

Selon lui, la liberté, soleil vivifiant, rendrait ce peuple de héros à la vie politique, et le contraindrait à suivre le grand mouvement matériel et moral qui se produisait en Europe.

M. de Custine visita donc l'Espagne et la parcourut en

philosophe soucieux de découvrir la vérité, en artiste détaché de toutes préventions, mais instruit et sensible.

De retour en France, il publia un livre, — livre qui n'est que l'aveu d'un honnête homme confessant publiquement ses erreurs. Ses études espagnoles, prises sur le vif, avaient renversé tout l'échafaudage d'un système préconçu. La liberté illimitée dont il voulait doter les Espagnes, était complètement répudiée par lui, et la résultante de ses observations était que les principes d'autorité seuls pouvaient servir le génie et les intérêts du peuple espagnol.

Démocrate au départ, il revenait de son incursion politique complétement monarchiste, — ou, pour me servir d'une expression formée de l'alliance de deux mots en apparence contradictoires, — à son retour, le marquis de Custine rêvait pour l'Espagne un gouvernement libéral-autoritaire.

L'éminent écrivain français avait vu juste, car c'est bien, là, la forme gouvernementale qui convient à la patrie de Pélayo.

Le grand tort des politiques modernes est de se renfermer dans une série de formules mathématiques et de vouloir les appliquer bon gré mal gré à tous les peuples, sans distinction d'origine ou de latitude. Laissez-les faire, ils graveront sur les banquises du Groënland : Liberté, égalité, fraternité, avec la même logique naïve que sur le fronton du Capitole. Ils paraissent ignorer que le traitement d'un peuple ne diffère pas de celui d'un individu, et qu'on ne peut, sous peine d'absurdité, administrer pour une phthisie les mêmes remèdes à un anémique qu'à un pléthorique ; autant de tempéraments, autant de traitements.

Les descendants de Washington sont grands et forts par la liberté ; les fils de San Fernando n'ont été et ne seront glorieux et libres que sous la puissante impulsion d'un pouvoir unique.

Religieuse, en dépit des leçons d'athéisme qu'on veut lui donner, patriotique jusqu'à l'héroïsme des anciens âges, royaliste par sentiment autant que par besoin, l'Espagne se ralliera toujours, et cela malgré les manœuvres anarchiques, à ce cri national qui remue tout bon Espagnol jusqu'au fond des entrailles :

VIVE LA RELIGION, LA PATRIE ET LE ROI !

II

Passons rapidement en revue les divers partis, — partisans, devrions-nous dire, — qui se disputent actuellement en Espagne le gouvernement des hommes.

Parmi les républicains se groupent pêle-mêle des soldats, des écrivains, des avocats, — des avocats surtout.

Prim , Serrano, serrent momentanément la main à MM. Olozaga et Rivero ; et, tout en se proclamant républicains, déclarent cependant que la forme monarchique est la seule possible en Espagne. Leur opposition ne porte'donc que sur des points constitutionnels ou sur des ambitions inavouées.

Le peuple demande un roi. Chacun des dictateurs provisoires s'efforce de lui en fabriquer un... à son image.

Prim consulte son miroir, et son miroir lui répond que la couronne fermée siérait bien à sa tête ; mais ses collègues révolutionnaires, ainsi que le peuple, ne seraient sans doute pas de l'avis de son miroir. Il se voit contraint à refouler ses appétits. Il attend le bon vent. Les hasards inconséquents du suffrage universel lui fourniront peut-être l'occasion de se tailler un manteau impérial dans sa capote de soldat. Il espère, il se tient prêt, car il est de la race de ces princes d'aventures qui n'hésitent pas à ramasser dans la rue, grâce à un *pronunciamiento,* une fortune et une couronne.

L'élévation de Prim rendrait sa culbute plus risible.

Le comte de Reuss ratera son coup ; et, suprême ironie du sort, M. Émile de Girardin ne recevra pas ce jour-là.

Le maréchal Serrano, — soldat qui porte au chapeau son épée en guise de plume, et dans le fourreau de son épée la plume de son chapeau, — ne sert, dans la lugubre comédie qui se joue à Madrid en ce moment, que comme épouvantail et contre-poids aux ambitions impatientes de son collègue Prim.

Général de boudoir, homme politique de caserne, le peuple le trouve *joli,* mais son admiration s'arrête au costume. En somme, bel homme, beaucoup de galons, pas une idée.

La Reine Isabelle II l'a fait duc de la Torre, maréchal, — sur sa belle mine.

M. Serrano a oublié, il a vieilli ; du jour où il s'est arraché le premier cheveu gris, le soldat galantin s'est cru l'étoffe d'un Antonio Perez. Il a conspiré, il a trahi ; de trahison en trahison, il est devenu chauve, mais il est resté duc et maréchal.

Qu'on le fasse prince et qu'on n'en parle plus.

Les tribuns Olozaga et Rivero sont deux beaux parleurs.
L'un d'eux, Rivero, *andalouse* atrocement ; comme orateur, c'est le Rouher de l'Espagne.

Olozaga, lui, est doué d'une mémoire extraordinaire. Il se dresse des arcs de triomphe avec une citation heureuse, mais sa mémoire lui fait complètement défaut lorsqu'il serait opportun de se souvenir d'une parole donnée. C'est ainsi qu'après avoir adjuré Dieu *de sauver le pays en sauvant la Reine,* il atteste aujourd'hui ses *grands Dieux* que son horreur des Bourbons date du berceau. .

En somme, habile homme d'affaires dans la vie privée, on doute qu'il apporte la même qualité dans la vie publique. Ce n'est qu'un phraseur séduisant qui masque le vide de sa pensée par le bonheur de l'expression.

Ami circonspect des maréchaux, il possède l'art de se faire désirer. Actuellement il représente dans le parti révolutionnaire l'élément diplomatique.

Prim s'agite, Serrano parade, Olozaga parle.

Quant à M. Nicolas-Maria Rivero, tout à la fois écrivain, orateur, médecin et avocat, ce n'est pas une personnalité, c'est une ATTITUDE. On ne peut se le figurer que les bras tendus vers un portefeuille. Que le portefeuille soit vert, rouge ou tricolore? N'importe!

Voilà, en bloc, les fortes têtes du soi-disant parti républicain ! Qu'elles s'enivrent aujourd'hui du pouvoir tandis qu'elles le tiennent, —car demain tout sera fini pour elles,— et il ne restera plus dans le peuple que le triste souvenir de leur incapacité.

III

La question de l'union Ibérique n'est pas à comparer à celle de l'union franco-belge. L'Espagne et le Portugal, peuples frères, mais frères ennemis à nombreux égards, ne se sentent attirés l'un vers l'autre par aucune attraction. Tout les porte au contraire à ne pas confondre leurs intérêts. Chacune de ces nations a une langue distincte, une littérature remarquable, une histoire rivale dont elle est fière. Ni l'une ni l'autre n'abdiquerait son passé et ne consentirait à s'éteindre dans un avenir commun.

Don Fernand et son fils le roi de Portugal l'ont si bien compris, qu'ils se sont montrés peu dociles à l'idée d'une annexion, la couronne d'Espagne dût-elle en être le prix. — L'amour d'un peuple est chose trop rare à notre époque pour qu'on y porte atteinte, même par la pensée.

Or, le roi de Portugal aime son peuple, il s'en sait aimé. Il doit donc préférer à tous les trônes hypothétiques de Madrid sa royauté fraternelle et libérale de Lisbonne.

La candidature du duc de Montpensier, marié à la sœur de la reine Isabelle II, avait réuni, assure-t-on, quelques partisans; mais l'attitude actuelle du fils de Louis-

Philippe a fait comprendre à ses amis trop officieux que son ambition se contentait de rester Prince Français.

A tort, croyons-nous, on attribue au duc de Montpensier d'être la cause indirecte de la chute de la reine Isabelle. Le bruit a couru que c'était dans son château de San-Elmo, à Séville, que se sont ourdies les premières trames de la conspiration militaire, qui a éclaté le 18 septembre à Cadix. L'esprit répugne à supposer que M. le duc de Montpensier ait prêté son concours à une révolution tournée contre sa belle-sœur, et cela dans un but personnel.

Le passé de ce prince d'Orléans est un sûr garant de sa loyauté. Il n'a pas plus songé à s'emparer de l'Espagne par traîtrise que l'Espagne ne songe à se le donner pour maître.

Si donc ce nom de Montpensier Roi d'Espagne a été prononcé, ce ne peut être que par des hommes désireux de créer de nouvelles complications à la politique déjà si péniblement équilibrée de l'Empereur Napoléon III.

A la suite des événements d'Espagne, divers publicistes français et espagnols ont proposé des combinaisons plus ou moins ingénieuses d'accommoder les choses. Parmi les brochures imprimées à Paris, citons *Le Coup d'État des Espagnols,* écrit démocratique ; *Montpensier, roi d'Espagne,* dont le titre signale la provenance orléaniste, et *l'Anarchie espagnole,* qui semble vouloir se donner l'autorité d'un manifeste carliste.

Cette dernière brochure, tout en donnant la seule solu-
tion possible, présente la question sous un jour tellement
faux, que, tout en poursuivant le même but, on ne peut
s'associer aux moyens qu'indique l'auteur pour y parvenir.

Ce n'est plus un exposé de principes, c'est un tripotage
d'affaires, une sorte de composition bâtarde entre la révolution et l'autorité, un compromis inadmissible entre l'Église
catholique et la philosophie matérialiste, que ne peuvent
appuyer de leur crédit, ni patronner de leur nom les hommes
sincèrement dévoués à la cause personnifiée dans don
Carlos VII.

L'auteur de ce singulier opuscule dit « avoir habité l'Espagne pendant vingt-deux ans » ; personne ne l'y connaît ;
puis il ajoute « qu'il habite Paris depuis vingt ans », c'est
vingt ans de trop.

Qu'il reparte au plus vite pour l'Espagne, et qu'il l'habite
encore vingt ans, peut-être alors gagnera-t-il ses galons de
compagnon dans l'armée dont il s'improvise général, sans
dire gare à personne.

IV

Ce qu'il faut à l'Espagne, c'est un roi fort de son droit et de l'appui de la nation, c'est un roi qui, soucieux des intérêts spirituels de son peuple autant que de ses intérêts matériels, assure au prêtre le libre exercice de son ministère et à l'artisan les moyens certains de se procurer le pain de chaque jour.

Ce qu'il faut à l'Espagne, c'est un roi bien pénétré de ceci : que la science politique est vaine, qu'il n'y a de réellement utile et pratique que la science sociale. La répartition juste et progressive des impôts, la suppression des octrois, les encouragements efficaces à l'agriculture, à l'industrie, au commerce, l'art enfin de faire bien vivre son peuple, voilà la tâche difficile, mais glorieuse, que doit se donner un prince père de la patrie.

Son absolutisme n'est plus alors que du patriarcat.

Nous savons combien ce mot *absolutisme* est gros de fantasmagories effrayantes pour les sots et les poltrons. A la suite d'un Roi absolu, les entrepreneurs de révolutions à tant par jour, font défiler la longue procession des moines sanglants de l'Inquisition. On entend comme un bruit de chaînes et d'ossements. Et le pauvre monde de trembler de peur. Eh ma foi, tant pis pour lui s'il tremble devant les impudents, au lieu de les chasser avec mépris. Il n'a que ce que méritent sa couardise et sa crédulité !

Au seizième siècle, si le roi n'est quelquefois que le premier ministre du grand inquisiteur, c'est que Philippe II éprouve la nécessité de s'appuyer sur l'Église pour mener à fin illustre les grands projets de son règne. Le protestantisme envahit l'Allemagne, l'Angleterre, la France ; un pas encore et les Pyrénées sont franchies. La sainte Inquisition sauve la foi du royaume, tandis que Philippe, dégagé de ce souci, peut se donner tout entier aux travaux d'améliorations intérieures et aux établissements d'outremer. Grâce à lui, l'Espagne acquiert ce degré de prospérité et de grandeur qui l'a faite pendant plus d'un siècle la première nation de l'Europe.

Bien après Philippe, Charles III entreprend, sans crise ni lutte, la séparation de l'élément politique de l'élément religieux, l'Inquisition reprend son rôle passif, et le roi, monarque absolu, n'est plus connu de son peuple que sous le nom de Charles III dit le Juste.

Il suffit de parcourir l'histoire d'Espagne pour se convaincre que ce pays, du quinzième au dix-septième siècles, a atteint l'apogée des richesses de toutes sortes qu'une nation puisse envier. Il suffit aussi de poursuivre cette même histoire pour voir à quel degré d'abaissement ce grand peuple en est arrivé depuis le commencement de ce siècle.

Doit-on en conclure que sa résurrection et que sa rédemption ne sont pas encore venues?

Non!

Nous pensons au contraire que les douleurs morales et les souffrances physiques qu'il a eu à endurer n'ont été que de cruelles épreuves que la Providence lui a infligées, mais d'où il ressortira courageux et fier.

Il sait maintenant qu'à côté des droits il y a des devoirs, et que s'il est doux de jouir des uns, il est rigoureux aussi d'observer les autres ; que si la liberté est un besoin, sans laquelle tout est vain, la liberté est aussi un grand mal lorsqu'elle dégénère en licence. Le mieux est presque toujours ennemi du bien. Le grand air trop vif des hautes montagnes ne convient pas à tous les poumons. De même la liberté ne doit blesser personne, elle doit donc être distribuée judicieusement suivant les aspirations du plus grand nombre.

Le prince don Carlos, héritier légitime du trône, peut être ce roi régénérateur de l'Espagne ; sa foi religieuse, sa fermeté politique, son amour profond de la patrie, son éducation faite en exil sous l'intelligente et libérale direction du duc de Massa, son parrain, homme d'État aux idées progressives, économiste à la façon anglaise, tout dans la personne de don Carlos, dans sa femme, jeune princesse gracieuse et d'un esprit aimable, dans ses conseillers Cabrera, Tristany et Fuentes, tout promet que l'Espagne retrouvera enfin le roi selon son esprit et selon son cœur.

Charles VII n'apportera pas avec lui, en montant sur le trône de ses pères, une Constitution toute faite : son intention est d'assembler les hommes les plus éclairés et les plus loyaux de la nation, et de constituer, avec eux, une Charte qui donnera le plus de gages durables d'indépendance, de justice et d'ordre, sans froisser aucune des traditions politiques et religieuses de son peuple.

Depuis longtemps déjà, les provinces du nord de l'Espagne, Basques, Catalogne, Navarre, etc., etc., se sont prononcées en faveur de la famille légitime; mais le jeune Charles VII, avant de se rendre à leurs vœux, préfère laisser la révolution suivre son cours, quitte à paraître aussitôt, si l'anarchie se perpétuant amoncelait sur son peuple des calamités trop douloureuses. Sa double qualité d'Espagnol et de Roi lui impose le devoir d'agir et de relever l'étendard national, autour duquel tous les vrais patriotes se grouperont au cri de ralliement :

VIVE LA RELIGION, LA PATRIE, LE ROI !

Paris, ce 28 *novembre* 1868.